세상에서 가장
착한 초록

반려식물

사진출처

위키피디아_ 94p / 허준(Dalgial)   94, 109p /《동의보감》(Ulrich Lange)

통합교과 시리즈

세상에서 가장 착한 초록 반려식물

ⓒ 한영식 정인하, 2019

1판 1쇄 발행 2019년 9월 10일 | **1판 5쇄 발행** 2023년 5월 10일

글 한영식 | **그림** 정인하 | **감수** 서울과학교사모임
펴낸이 권준구 | **펴낸곳** (주)지학사
본부장 황홍규 | **편집장** 김지영 | **편집** 박보영 이지연 | **디자인** 이혜리
마케팅 송성만 손정빈 윤술옥 박주현 | **제작** 김현정 이진형 강석준 오지형
등록 2010년 1월 29일(제313-2010-24호) | **주소** 서울시 마포구 신촌로6길 5
전화 02.330.5263 | **팩스** 02.3141.4488 | **이메일** arbolbooks@jihak.co.kr
ISBN 979-11-6204-066-9 74400
ISBN 979-11-85786-82-7 74400(세트)
잘못된 책은 구입하신 곳에서 바꿔 드립니다.

KC 제조국 대한민국   사용연령 8세 이상
KC마크는 이 제품이 공통안전기준에 적합하였음을 의미합니다.

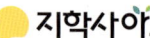 아르볼은 '나무'를 뜻하는 스페인어. 어린이들의 마음에 담긴 씨앗을 알찬 열매로 맺게 하는 나무가 되겠습니다.

홈페이지 www.jihak.co.kr/arb/book | **포스트** post.naver.com/arbolbooks

펴냄글

과학은 왜 어려울까?

- 생물, 지구과학, 물리, 화학 등 공부해야 할 범위가 넓다.
- 책이나 교과서를 볼 땐 이해할 것 같다가도 돌아서면 헷갈린다.
- 과학 현상이나 원리가 어려워서 이해가 안 된다.
- 과학 공부를 할 때 어려운 단어가 많이 나온다.

과학 공부, 쉽게 하려면 통합교과 시리즈를 펼치자!

통합교과란?

- 서로 다른 교과를 주제나 활동 중심으로 엮은 새로운 개념의 교과
- 하나의 주제를 **개념·생물·자원·환경·인물** 등 다양한 영역에서 접근해 정보 전달 효과를 높임
- 문이과 통합 교육 과정에 안성맞춤

이런 학생들에게 통합교과 시리즈를 추천합니다!

과학 교과를 처음 배우는 초등학교 **3학년**

과학이 지겹고 어렵게 느껴지는 **4학년**

개념
개념을 알아야 주제가 보인다!
개념 완벽 정리!

인물
관련 분야에 업적을 이룬
인물을 통해 연구자의
자세 본받기!

통합교과 시리즈

환경
주제와 관련된
환경 문제를 알아보고
해결 방안 탐색!

생물
과학 분야를 샅샅이
파고들어 주제에 대한
이해력을 쏙!

자원
우리가 사용하는
여러 물질을 통해
자원의 소중함 알기

차례

1화
초록이와 수피아 개념 식물이란? 10

- 16 식물도 살아 있는 생물
- 18 식물은 어떤 구조일까? – 뿌리·줄기·잎
- 20 식물이 자랄 때 꼭 필요한 것은? – 햇빛·물
- 22 식물의 광합성과 호흡
- 24 식물은 어떻게 번식할까? – 꽃과 열매
- 28 한 걸음 더 – 식물의 한살이

2화
공기를 지키는 수호천사 초록이 생물 반려식물이란? 30

- 36 마음도 공기도 잘 부탁해!
- 38 도시의 반려식물 – 가로수와 조경수
- 40 지구의 허파 – 숲
- 42 정원과 텃밭 식물
- 46 한 걸음 더 – 인기 있는 반려식물

3화
초록아, 도와줘! 자원 식물의 활용 48

- 54 약초로 쓰이는 식물
- 56 의약품의 원료 식물
- 58 식품으로 이용되는 식물
- 60 연료로 활용되는 식물
- 64 한 걸음 더 – 벌레를 잡아먹는 식충 식물

4화
초록이의 잠 못 드는 밤 **환경** 식물과 생태계 **66**

- 72 빛 공해와 잠 못 드는 생물
- 74 기후 변화를 막기 위한 유전자 변형 식물
- 76 식물과 곤충의 공진화 – 꽃과 곤충
- 78 울창한 숲이 주는 혜택
- 82 **한 걸음 더** – 식물에서 힌트를 얻어 만든 발명품

5화
나무 의사가 될 거야! **인물** 식물을 연구한 사람 **84**

- 90 식물의 분류 체계를 완성한 린네
- 92 식물 유전학자 멘델
- 94 약초를 연구한 한의사 허준
- 98 **한 걸음 더** – 식물 관련 자격증

100 워크북 / 110 정답 및 해설 / 112 찾아보기

등장인물

미세

초록이의 주인이 된 초등학생.
평소 특이한 물건을 모으는 게 취미예요.
길에서 주운 화분과 수피아 덕분에
식물의 소중함과 고마움에 대해 깨달아요.

대세

미세의 동생이에요.
때로는 누나를 못살게 굴기도 하지만,
사실은 누나랑 노는 걸 제일 좋아해요.

초록이

골목길에 버려졌다가 미세의 도움으로
다시 자라게 된 식물이에요. 그러던 어느 날
미세의 실수로 화분이 깨지고 마는데…….
과연 초록이는 잘 자랄 수 있을까요?

수피아

초록이를 지키는 요정. 하마터면 죽을 뻔한 초록이를
요술을 통해 살려 내어 미세가 키울 수 있게 해요.

엄마와 아빠

미세와 대세의 부모님.
두 아이가 잘 자랄 수 있도록
항상 따뜻한 마음으로 돌보지요.

1화

초록이와 수피아

개념 식물이란?

- 식물도 살아 있는 생물
- 식물은 어떤 구조일까? – 뿌리·줄기·잎
- 식물이 자랄 때 꼭 필요한 것은? – 햇빛·물
- 식물의 광합성과 호흡
- 식물은 어떻게 번식할까? – 꽃과 열매

한눈에 쏙 – 식물이란?
한 걸음 더 – 식물의 한살이

식물도 살아 있는 생물

이 세상에 살아 있는 모든 것을 생물이라고 해요. 생물은 크게 식물과 동물로 나눌 수 있어요. 식물은 동물과 다르게 활발하게 움직이지는 못하지만 살아 있는 생물이에요. 스스로 생명을 이어 나가며 밥도 먹고 숨도 쉬며 살아가거든요.

동물과 식물은 무엇이 다를까?

가장 크게 다른 점은 동물은 움직일 수 있지만, 식물은 한곳에 머물러 산다는 점이에요. 또한 동물은 다른 동물을 잡아먹거나 식물을 뜯어 먹어 영양분을 얻어요. 반면에 식물은 광합성을 통해 스스로 영양분을 만들어 에너지로 사용하지요.

동물은 주로 알이나 새끼를 낳아 번식을 하고, 어릴 때는 빨리 자라다가 어느 정도의 시기가 지나면 자라지 않지요. 반면에 식물은 씨앗이나 포자(홀씨)를 통해 번식하고, 살아 있는 동안 계속 자랄 수 있답니다.

식물이란?

식물은 '심겨진 생물'이라는 뜻으로, 나무와 풀처럼 한곳에 뿌리를 내리고 살아가는 생물이에요. 식물은 공기, 흙, 물에서 얻은 물질로 스스로 에너지를 만들어 생활하는 특별한 생물이지요.

식물을 분류하는 방법은 매우 다양해요. 번식 방법에 따라 씨앗을 통해 번식하는 식물과 포자로 번식하는 식물로 나누기도 하고, 사는 곳에 따라 나누기도 해요. 줄기가 굵어지는 방법에 따라 크게 나무와 풀로 나누기도 하지요.

나무는 보통 부피 생장*을 하며 쑥쑥 자라기 때문에 시간이 지날수록 크기가 커지고 줄기가 굵어져요. 그러나 풀은 부피 생장을 하지 못해서 줄기가 가늘어요.

★ **부피 생장** 식물이 성장할 때 옆으로 자라면서 뿌리나 줄기가 굵어지는 것

식물은 어떤 구조일까? - 뿌리·줄기·잎

식물은 크게 뿌리, 줄기, 잎으로 구성되어 있어요. 동물의 머리, 몸통, 손발도 각각의 기능이 있는 것처럼 식물의 뿌리, 줄기, 잎도 각각 중요한 기능을 담당하고 있지요. 어떤 기능이 있는지 살펴봐요.

물과 양분을 쭉쭉 빨아들이는 뿌리

식물의 뿌리는 땅속 깊숙이 뻗어서 식물이 똑바로 서 있을 수 있게 지탱하는 역할을 해요. 뿌리 끝부분에 솜털처럼 자잘하게 달린 뿌리털은 물과 양분을 빨아들여요. 동물에게 음식을 먹을 수 있는 입이 있다면, 식물에게는 뿌리가 있는 셈이지요.

무, 당근, 고구마와 같은 뿌리채소는 양분을 뿌리에 저장해요. 그래서 뿌리가 크고 굵답니다.

뿌리의 기능
① 지지 - 몸을 땅속에 고정시킴
② 흡수 - 뿌리털이 물과 양분 빨아들임
③ 저장 - 양분 저장

물과 양분을 운반하는 줄기

줄기는 잎, 꽃, 열매 등이 붙어 있는 곳이에요. 뿌리에서 빨아들인 물과 양분이 이동하는 물관, 광합성을 통해 잎에서 생긴 양분이 이동하는 체관이 있어 매우 중요한 곳이랍니다.

줄기의 기능
① 지지 – 잎, 꽃, 열매 등을 받쳐 주어 지탱함
② 운반 – 물관과 체관을 통해 물과 양분을 잎과 뿌리로 옮김

식물의 줄기 속에 수많은 빨대가 들어 있는 셈!

빨간 색소가 들어 있는 물을 빨아들였을 때 줄기의 단면

햇빛을 이용해 양분을 만드는 잎

잎은 양분을 만드는 곳이에요. 잎 속에서 광합성을 하면 양분이 만들어져요. 또한 뿌리에서 올라온 물이 잎 뒷면에 있는 기공(숨구멍)을 통해 빠져나가는 증산 작용도 일어나요. 증산 작용은 뿌리에서 빨아들인 물을 꼭대기로 옮겨 주고, 식물의 온도를 조절하는 중요한 현상이지요.

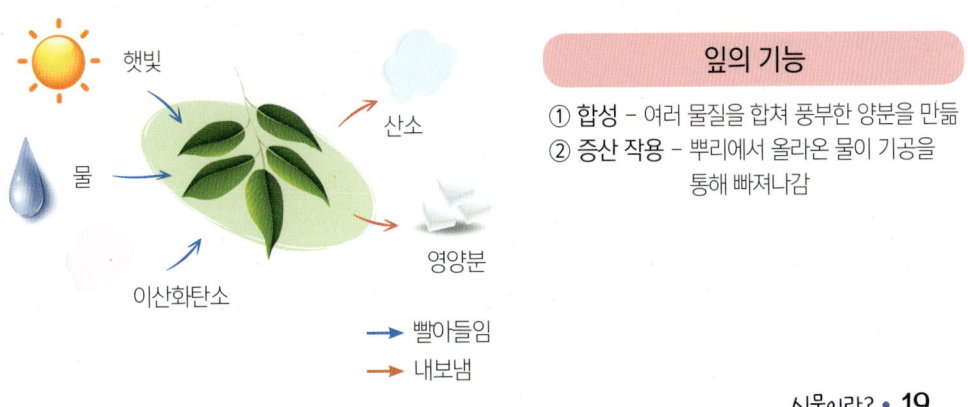

잎의 기능
① 합성 – 여러 물질을 합쳐 풍부한 양분을 만듦
② 증산 작용 – 뿌리에서 올라온 물이 기공을 통해 빠져나감

식물이 자랄 때 꼭 필요한 것은? - 햇빛·물

 식물이 쑥쑥 잘 자라려면 필요한 것이 많아요. 충분한 양의 햇빛, 알맞은 양의 물, 적절한 온도, 기름진 흙, 맑은 공기 등이 있어야 건강하게 자랄 수 있지요. 특히 햇빛과 물은 식물이 자라는 데 매우 중요한 요소예요.

햇빛이 필요해!

 식물이 자라는 데 가장 중요한 건 햇빛이에요. 햇빛을 받아야 양분을 만들어 살아갈 수 있거든요. 햇빛을 잘 받은 잎은 초록색의 건강한 잎을 갖게 되고 줄기도 굵어져요. 그러나 햇빛을 받지 못하면 잎이 누렇게 되고 줄기가 가늘어져서 시들지요.

생물의 몸을 구성하는 물

 햇빛이 잘 드는 곳이라고 해서 무조건 식물이 잘 자라는 건 아니에요. 물이 부족하면 아무리 햇빛을 많이 받아도 잘 자라지 못하고 시들지요. 우리도 물을 안 마시면 목이 마른 것처럼 말이에요.

 물은 식물뿐만 아니라 살아 있는 모든 생물에게 중요해요. 생물의 몸을 구성하는 주요 성분이기 때문이에요.

식물이 잘 자라는 조건 – 햇빛과 물 비교 실험

식물이 자라는 데 햇빛과 물이 얼마나 중요한지, 두 가지 실험을 통해 알아보려고 해요. 온도, 흙, 양분, 공기는 똑같은 조건으로 하고 햇빛과 물의 양을 다르게 할 때 식물이 어떻게 자라나는지 살펴봐요.

첫 번째 실험 햇빛의 중요성

❶ 똑같은 식물이 담긴 화분을 2개 준비한 뒤, 양쪽에 같은 양의 물을 줘요.
❷ A 화분은 햇빛이 잘 드는 곳에 두고, B 화분은 어두운 상자로 가려 햇빛을 못 받게 해요.
❸ 같은 양의 물을 주고, 며칠 뒤에 식물의 상태를 비교해 봐요.

결과 햇빛을 잘 받은 A 화분의 식물은 잎과 줄기가 건강하게 잘 자랐을 거예요. 햇빛을 받지 못한 B 화분의 식물은 잘 자라지 못하고 시들시들할 거예요.

두 번째 실험 물의 중요성

❶ 똑같은 식물이 담긴 화분을 2개 준비하고, 햇빛이 잘 드는 곳에 둬요.
❷ A 화분에는 알맞은 물을 주고, B 화분에는 물을 주지 않아요.
❸ A 화분에만 물을 주고, 며칠 뒤에 식물의 상태를 비교해 봐요.

결과 꾸준히 물을 준 A 화분의 식물은 건강하게 잘 자라지만, 물을 주지 않은 B 화분의 식물은 시들시들할 거예요.

위의 두 실험을 통해 식물이 잘 자라려면 햇빛과 물이 중요하다는 걸 깨달았을 거예요. 식물을 기를 때 적절한 햇빛과 알맞은 물을 주는 건 기본이랍니다.

식물의 광합성과 호흡

오늘도 양분을 만들어 볼까?

식물은 스스로 양분을 생성해요. 우리 눈에 보이지 않지만, 특별한 방법으로 양분을 만들지요. 이 과정은 식물의 잎에서 일어나는데요. 과연 잎에서는 무슨 일이 벌어지는 걸까요?

햇빛, 물, 공기를 이용해 광합성하기

식물은 스스로 양분(포도당)을 만드는 광합성을 해요. 광합성을 할 때는 햇빛, 물, 공기(이산화탄소)의 도움이 필요해요. 이러한 물질이 없으면 양분을 만들 수 없거든요.

잎 뒷면에 있는 기공은 신선한 공기를 빨아들여 이산화탄소를 잎 속에 전해 주고 산소를 밖으로 내보내요. 뿌리에서 빨아올린 물은 줄기를 거쳐 잎까지 전달돼요.

식물의 잎에는 엽록체가 있어요. 엽록체는 이산화탄소, 물을 이용해 양분(포도당)을 만들지요. 이렇게 만들어진 양분은 식물 전체를 돌며 사용돼요.

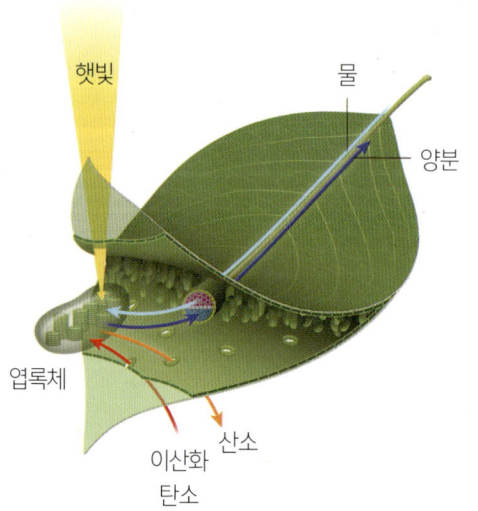

광합성 과정
공기(이산화탄소) + 물 + 햇빛
⋯▶ 양분(포도당) + 산소

식물이 만든 양분은 어디에 이용될까?

광합성을 통해 생겨난 양분은 식물이 자라고, 꽃이 피고, 열매가 열리는 데 사용돼요. 식물이 잘 자라면 초식 동물과 초식 곤충들도 먹잇감이 많아져 생태계가 유지될 수 있

어요. 무엇보다도 광합성 과정에서 발생하는 풍부한 산소는 사람을 포함한 모든 동물이 숨을 쉬며 살아가는 데 큰 도움이 된답니다.

숨을 쉬는 식물

식물도 우리처럼 산소를 들이마시고 이산화탄소를 내놓는 호흡을 해요. 하지만 해가 있을 때는 광합성을 활발히 하기 때문에 들이마시는 산소양보다 내뱉는 산소가 더 많아요. 반면에 광합성을 하지 않는 밤에는 호흡만 하기 때문에 산소를 마시고 이산화탄소를 내놓지요.

따라서 밤에 식물이 많은 곳에서 잠을 자는 것은 좋지 않아요. 식물이 밤에 숨 쉴 때 내보내는 이산화탄소가 우리 몸에 나쁘기 때문이지요.

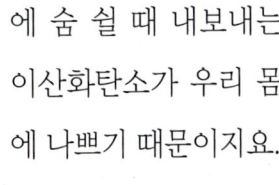

식물은 어떻게 번식할까? – 꽃과 열매

아름다운 꽃을 보면 마음이 즐겁고, 탐스러운 열매를 보면 먹고 싶어져요. 그러나 식물은 우리를 위해서 꽃과 열매를 만드는 게 아니에요. 동물이 짝짓기를 통해 자손을 낳는 것처럼, 식물도 꽃과 열매를 통해 씨앗을 만들어 자손을 퍼뜨리지요.

꽃은 번식 기관

식물은 움직이지 못하기 때문에 동물의 도움을 받아 번식을 해요. 그래서 식물은 새와 곤충이 좋아할 만한 꿀이 많고 예쁜 꽃을 피워요. 꽃을 찾아온 새와 곤충 덕분에 수분이 일어나 번식을 할 수 있지요.

수분이란 수술에서 만들어진 꽃가루가 암술머리에 옮겨 붙는 것을 뜻해요. 수분은 주로 곤충, 바람, 물 등에 의해 일어나요.

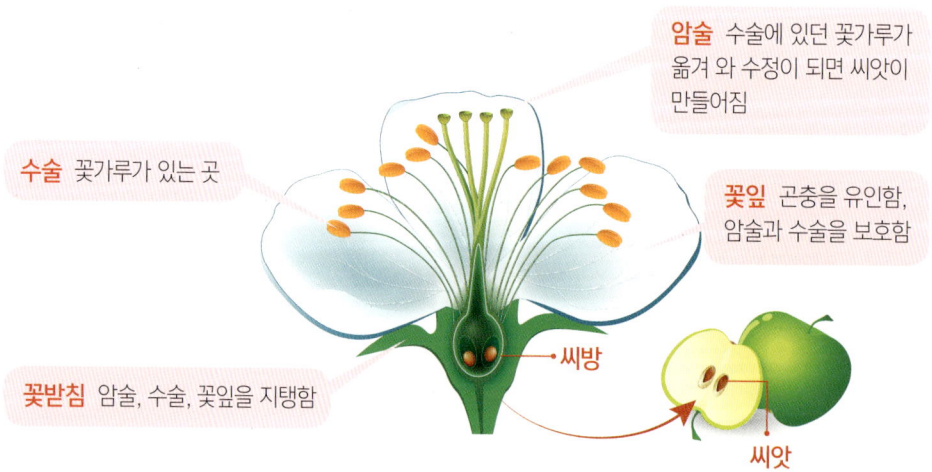

수술의 꽃가루와 암술이 만나면 열매가 뽕!

수분된 꽃가루는 화분관을 타고 씨방으로 내려가 밑씨를 만나는데, 이 과정을 수정이라고 해요. 수정이 되면 씨방이 자라면서 열매가 돼요.

열매는 크게 참열매와 헛열매로 구분해요. 참열매는 씨방이 자라서 생긴 열매로 감, 복숭아, 오이 등이 있어요. 헛열매는 씨방 이외의 다른 부분이 함께 자라면서 생긴 열매로 딸기, 사과, 배 등이 있어요.

씨방이 자라서 생긴 참열매

씨방과 다른 부분이 함께 자란 헛열매

열매 속 소중한 씨

열매 속에는 새로운 자손이 될 소중한 씨가 들어 있어요. 씨는 배, 배젖(또는 떡잎), 씨껍질로 이루어져 있지요.

배는 싹이 터서 뿌리, 줄기, 잎이 달린 식물이 돼요. 배젖은 씨가 싹 틀 때까지 필요한 양분이 들어 있는 곳이에요. 배젖이 없는 식물은 떡잎에 양분을 저장해요. 배젖 또는 떡잎으로부터 양분을 받은 배는 싹이 터서 자란답니다.

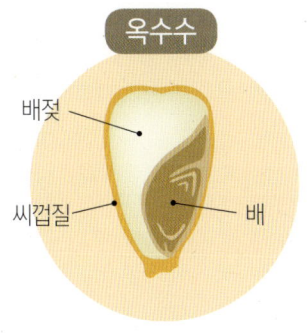
배젖이 있는 씨
감, 사과, 벼, 보리, 옥수수 등

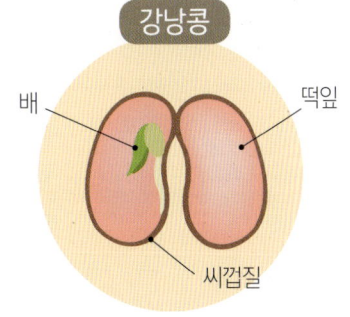
떡잎이 있는 씨
콩, 강낭콩, 완두, 밤 등

식물이란?

식물도 살아 있는 생물

- 생물은 크게 동물과 식물로 나뉨

생물	동물	식물
사는 곳	이동 가능함	한곳에 머물러 삶
먹이	다른 동물을 잡아먹거나 식물을 먹음	광합성을 통해 스스로 영양분을 만들어 에너지로 사용함
번식	알이나 새끼를 낳음	씨앗이나 포자를 통해 번식함
성장	어릴 때 빨리 자라다가 어느 시기가 지나면 자라지 않음	살아 있는 동안 계속 자랄 수 있음

식물의 구조

- 뿌리, 줄기, 잎으로 구성
- 뿌리 : 몸을 땅속에 고정, 물과 양분을 빨아들임, 양분 저장
- 줄기 : 잎·꽃·열매 등을 받쳐 줌, 물과 양분을 잎과 뿌리로 옮김
- 잎 : 여러 물질을 합쳐 양분을 만듦, 기공을 통해 물을 내보냄

식물에게 필요한 것

- 식물이 잘 자라려면 햇빛, 물, 적절한 온도와 양분 등이 필요함
- 일반적으로 식물이 햇빛을 잘 받으면 건강하게 자라고, 햇빛을 받지 못하

면 잎이 누렇게 되고 줄기가 가늘어짐
- 물은 생물을 구성하는 주요 성분이므로, 식물 속에 필요한 만큼의 물이 저장되지 않으면 시듦

광합성과 호흡
- 광합성 : 식물이 공기(이산화탄소), 물, 햇빛을 이용해 양분(포도당)과 산소를 만드는 활동
- 엽록체 : 식물의 잎에 있고 양분을 만드는 곳. 햇빛을 흡수하여 광합성을 도움
- 식물의 호흡 : 식물도 산소를 들이마시고 이산화탄소를 내놓음
  - 해가 있을 때 : 호흡에 쓰이는 산소의 양보다 광합성을 통해 생성되는 산소의 양이 더 많음 ⋯➔ 이산화탄소를 마시고, 산소를 내놓음
  - 해가 없을 때 : 광합성을 안 하고 호흡만 하므로 산소를 마시고 이산화탄소를 내놓음

식물의 번식
- 식물은 꽃과 열매를 통해 씨앗을 만들어 자손을 퍼뜨림
- 수분 : 수술에서 만들어진 꽃가루가 암술머리에 옮겨 붙은 것으로, 주로 곤충·바람·물에 의해 일어남
- 수정 : 수분된 꽃가루가 화분관을 타고 씨방으로 내려가 밑씨를 만나는 것으로, 수정이 되면 열매가 생김

식물의 한살이
— 한해살이 식물과 여러해살이 식물 —

씨에서 싹이 트고, 잎과 줄기가 자라서 꽃이 피고, 열매가 맺혀 다시 씨앗이 생기는 과정을 '식물의 한살이'라고 해요.
식물도 동물처럼 종류에 따라 사는 기간이 다 달라요. 한 해만 살고 죽는 한해살이 식물도 있지만 여러 해 동안 죽지 않고 한살이 과정을 반복하며 살아가는 여러해살이 식물도 있어요.

한해살이 식물

들에 핀 풀꽃들은 대부분 한해살이 식물이에요. 그 해에 열매를 거두어 들인 후에 죽는 호박, 옥수수, 콩 같은 작물들도 있지요.
한해살이 식물은 딱 한 해만 살고 죽기 때문에 씨를 매우 많이 남겨요.
한해살이 식물을 기르려면 매년 새로운 씨를 심어야 해요.

강낭콩의 한살이

씨앗 → 싹이 틈 → 자람 → 꽃이 핌 → 열매가 열림 → 시든 뒤에 죽음

여러해살이 식물

나무는 대부분 여러해살이 식물이에요. 민들레, 비비추와 같은 풀도 여러해살이 식물이지요. 여러 해 동안 살기 때문에 매년 새로 심지 않아도 새순이 나와 계속 자라요.

나무는 겨울눈을 만들어 겨울을 보내요. 겨울눈은 잎이 떨어진 자리, 줄기나 가지 끝에 생기지요. 봄이 오면 겨울눈에서 새싹을 틔워요. 그래서 해가 바뀌어도 계속 자란답니다.

겨울눈

민들레의 한살이

씨앗 → 싹이 틈 → 자람 → 꽃이 핌 → 꽃이 시들고 씨앗이 만들어짐 → 씨앗을 퍼뜨린 뒤 겨울나기를 함

아하!

2화 공기를 지키는 수호천사 초록이

식물 반려식물이란?

- 마음도 공기도 잘 부탁해!
- 도시의 반려식물 - 가로수와 조경수
- 지구의 허파 - 숲
- 정원과 텃밭 식물

한눈에 쏙 - 반려식물이란?
한 걸음 더 - 인기 있는 반려식물

마음도 공기도 잘 부탁해!

집에서 사람과 함께 사는 동물을 반려동물이라고 해요. 옛날에는 취미로 기른다는 뜻으로 애완동물이라고 불렀지요.

'반려'라는 단어가 제일 먼저 붙은 생물은 가정에서 키우는 개와 고양이예요. 개와 고양이가 사람의 마음을 위로해 주고 정서적으로 마음을 나눌 수 있게 되자 반려동물이라 부르게 되었지요.

伴 侶
짝 반 짝 려

愛 玩
사랑 애 즐길 완

사람의 마음을 달래 주는 반려식물

요즘에는 반려의 의미가 생물 전체로 확대되고 있어요. 집에서 키우는 식물, 물고기, 곤충도 반려생물로 여기고 있지요. 반려물고기나 반려곤충은 어항이나 사육함을 설치하여 매일 관리해야 하므로 집에서 기르는 데 번거로움이 있어요. 또한 물고기나 곤충을 징그러워하는 사람들도 있어서 가족 중에 반대하는 사람이 있을 수도 있지요.

반면에 식물은 싫어하는 사람이 거의 없고, 관리하기도 편해서 많은 사람들이 쉽게 기르고 있지요.

반려식물을 키우면 마음이 편안해지고, 우

보고만 있어도 마음이 평화롭다고.

울한 마음이 줄어드는 등 정서적으로 도움이 돼요. 특히 혼자 사는 사람들이나 나이가 많은 어른들이 반려식물을 더 많이 기르고 있어요.

공기를 정화시키는 수호천사

깨끗한 공기를 맡으며 살아가는 건 행복한 일이에요. 사람은 숨을 쉬며 살아가는 생물이니까요. 요즘은 미세먼지가 많아져서 옛날보다 좋은 공기를 맡기 어려워졌어요. 그래서 맑은 공기를 내뿜어 주는 식물을 기르기 시작했지요.

집 안의 답답한 공기를 맑고 깨끗하게 해 주는 공기 정화 식물이야말로 우리에게 꼭 필요한 반려식물이지요.

보기만 해도 예쁜 반려식물

반려식물은 집 안에 푸른 숲을 만들어 주기도 해요. 상큼하고 싱싱한 초록색 식물들이 집 안 곳곳에서 자라고 있으면 나도 모르게 기분이 좋아지지요. 인간은 도시가 아니라 푸른 숲이 울창한 지구에 살도록 태어났으니까요.

여러분도 집 안이나 집 주변에 예쁜 정원을 만들어 봐요. 식물을 바라보면 스트레스도 줄어들고 마음도 행복해질 거예요.

 ## 도시의 반려식물 – 가로수와 조경수

빌딩과 아파트로 가득 찬 도시에서도 식물을 쉽게 만날 수 있어요. 길가에는 가로수가 곳곳에 서 있고, 공원과 정원에는 멋진 조경수가 자라고 있지요.

이러한 식물들은 겉보기엔 그냥 서 있는 것 같지만, 실제로 우리에게 큰 도움을 줘요.

街 路 樹
거리 가   길 로   나무 수

造 景 樹
만들 조   경치 경   나무 수

사계절 내내 고마운 식물들

가로수와 조경수는 계절을 알려 줘요. 봄에는 화사한 꽃을 활짝 피워 우리 마음에 따뜻한 봄을 선물하지요. 여름이 되면 넓은 잎이 쑥쑥 자라서 뜨거운 햇빛을 막아 주고, 시원한 그늘을 만들어 주지요.

가을이 되면 빨간색, 노란색 단풍으로 변해서 도시를 아름답게 물들여요. 겨울이 되면 낙엽이 지는 나무도 있지만, 늘 푸른 상록수는 추운 겨울에도 푸른 빛깔 그대로여서 바라보는 우리의 눈을 맑게 해 줘요.

도시의 공기를 맑고 깨끗하게!

가로수와 조경수는 오염된 공기를 깨끗하게 해 줘요. 자동차에서 내뿜는 배기가스와 공장과 가정에서 나오는 오염 물질을 맑은 공기로 정화시켜 주거든요.

도시에 꼭 필요한 반려식물이 되려면 어떤 조건이 있어야 할까요? 가장 중요한 조건은 오염된 도시 공기를 이겨 낼 수 있는 생명력이에요. 만약 오염된 공기에 적응하지 못해서 금방 죽으면 가로수와 정원수로 사용될 수 없으니까요. 또한 병충해에 강하고 가지치기도 잘 견딜 수 있는 나무가 좋지요.

예쁜 거리를 만들려면 아름다운 꽃이 피는 가로수를 심는 게 좋아요. 새로 만든 도시에는 빨리 자라서 공기를 정화시키고, 그늘을 만들어 줄 가로수가 필요해요. 이처럼 각각의 지역 환경에 맞는 가로수와 조경수를 심어야 해요.

대기 오염이 심각한 도시
오염된 공기에 강하고 공기 정화 능력이 뛰어난 나무를 심어요. 대표적으로 은행나무, 칠엽수, 회화나무 등이 있어요.

새로 만든 도시
빨리 자라는 나무를 주로 심어요. 대표적으로 무궁화, 벚나무, 이팝나무, 은행나무 등이 있어요.

소음이 심한 도시
소음을 차단할 수 있도록 잎이 넓은 나무를 심어요. 마로니에, 플라타너스 등이 있어요.

아름다운 거리를 조성 중인 도시
예쁜 꽃과 단풍을 심으면 도시를 아름답게 꾸밀 수 있어요. 단풍나무, 벚나무 등이 있어요.

지구의 허파 - 숲

푸른 지구에는 소중한 반려식물이 있어요. 바로 나무와 풀이 빽빽하게 자라는 울창한 숲이지요. 숲은 지구를 숨 쉴 수 있게 만들어 지구 전체를 푸르게 유지시켜요. 집에서 기르는 반려식물이나 길가의 가로수처럼 맑은 공기를 만들지요.

숲은 지구의 허파(폐)와 같아요. 우리가 허파를 통해 숨을 쉬듯, 지구는 울창한 숲을 통해 숨을 쉬고 있거든요. 숲은 지속적으로 많은 양의 맑은 공기를 내뿜어 지구를 숨 쉬게 하는 고마운 존재랍니다.

숲은 지구의 반려식물

집에서 기르는 반려식물은 나를 즐겁게 해 줘요. 집 밖에 있는 가로수와 조경수도 많은 사람에게 도움이 되지요. 그러나 가장 중요한 반려식물은 바로 숲이에요. 지구 전체를 푸르게 해 주니까요. 아무리 집이나 도시에서 기르는 반려식물이 건강하게 잘 자란다 해도, 지구 전체를 숨 쉬게 하는 숲이 사라진다면 푸른 지구는 시들고 말 거예요.

푸른 지구를 지키는 환경 보호 활동

숲은 지구에 사는 모든 생명체에게 소중해요. 그러나 인간은 돈을 벌기 위해 숲을 마구잡이로 개발하고 있어요. 숲을 파괴하여 도시를 만들고 물건을 만들기 위해 나무를 마구 베어서 문제를 일으키고 있지요.

환경 오염을 일으키는 것도 큰 문제예요. 대기 오염, 수질 오염, 토양 오염, 해양 오염 등 다양한 오염으로 지구가 병들면 숲의 생물들은 더 이상 살지 못하고 모두 죽게 될 테니까요.

숲이 계속해서 파괴되면 지구의 산소량은 크게 줄어들겠지요? 그러면 지구는 생명체가 살 수 없는 환경이 돼요. 따라서 지구를 지키려면 지구의 반려식물인 숲을 보호해야 해요.

숲은 지구의 미래

푸른 지구에는 울창한 숲이 있고, 그곳에는 다채로운 생물들이 살고 있어요. 지구를 푸르게 만드는 숲은 수많은 생물의 소중한 집이에요.

만약 숲이 사라진다면 수많은 동물, 곤충 등은 갈 곳이 없어 살 수 없게 되지요. 지구에 살고 있는 동물과 곤충, 나무와 풀 등 다양한 생물들은 서로 연결되어 있어요. 그러므로 여러 생물들이 살아가는 숲이 건강해야 지구에 사는 사람도 행복해질 수 있답니다.

# 정원과 텃밭 식물

요즘에는 가정에서도 예쁜 꽃을 심어 정원을 만들고, 기르기 쉬운 채소를 텃밭에 심기도 해요. 예쁘게 핀 꽃을 보면 마음이 따뜻해지고, 무럭무럭 잘 자란 채소는 수확하여 먹기도 하지요.

텃밭에서 작물을 기르는 꼬마 농부

최근 들어 도시에서도 작은 농사를 짓는 곳이 생기고 있어요. 이러한 도시 텃밭은 채소를 기르며 작물의 고마움을 배울 수 있는 곳이지요.

텃밭에서 무, 배추, 고추, 상추 등의 작물을 기르다 보면 식물에 대해

배우는 것이 많아요. 옛날에는 식물이 어떻게 자라는지 잘 모르던 사람도, 작물을 기르면서 식물의 한살이와 식물이 잘 자라기 위해 무엇이 필요한지 등을 알게 되지요. 땀 흘리며 도시 텃밭을 가꾸다 보면 자연스럽게 식물의 마음을 이해하는 진짜 농부가 될 수 있어요.

맛있는 채소를 길러 보자!

아름다운 정원은 어디에나 만들 수 있어요. 집 앞 화단이나 베란다, 여럿이 함께 가꾸는 옥상 텃밭이나 학교 화단도 좋아요.

식물을 기르는 원예 활동을 하다 보면 많은 반려식물을 만나게 돼요. 특히 채소를 자주 먹으면 각종 질병에 걸릴 확률이 줄어들어 건강하게 살 수 있지요.

식물을 기르다 보면 몸과 마음도 건강해져요. 적당한 햇볕을 쬐게 되고 신선한 공기도 자주 맡으니까요. 그리고 초록색을 자주 보면 눈 건강에도 좋고, 마음의 위로도 얻게 되지요. 여러분도 식물을 길러 봐요.

텃밭에서 키우기 쉬운 채소

토마토　옥수수　마늘　고추　고구마　파　당근

호박　완두　바질　가지　상추

오이　청경채　시금치　케일

반려식물이란?

마음의 위안과 공기 정화

- 반려 : 원래는 집에서 함께 사는 동물에만 붙이던 단어이지만, 최근에는 함께 사는 생물 전체로 확대되고 있음
- 반려식물의 장점 : 마음이 편안해지고 우울한 마음이 줄어드는 등 정서적으로 도움이 됨, 특히 혼자 사는 사람이나 나이가 많은 어른들이 더 많이 기르고 있음, 공기 정화 식물은 집 안의 공기를 맑게 해 줌

가로수와 조경수

- 가로수 : 길가에 심은 나무
- 조경수 : 예쁜 풍경을 만들기 위해 공원이나 정원에 심은 나무
- 가로수와 조경수의 장점 : 계절마다 다른 모습으로 우리에게 도움을 줌, 오염된 공기를 정화시킴
- 대기 오염이 심각한 도시 : 공기 정화 능력이 뛰어난 나무를 심음
- 새로 만든 도시 : 빨리 자라는 나무를 심음
- 소음이 심한 도시 : 잎이 넓은 나무를 심음
- 아름다운 거리를 만들려는 장소 : 꽃과 단풍이 예쁜 나무를 심음

지구의 허파 - 숲

- 숲 : 지속적으로 맑은 공기를 내뿜어 많은 생물이 숨 쉴 수 있게 함
- 숲이 중요한 이유 : 숲이 줄어들면 산소량이 줄어듦 ⋯ 생물이 살기 힘듦
- 숲이 건강해야 지구의 모든 생물이 살 수 있음

정원과 텃밭 식물

- 최근 예쁜 꽃을 심어 작은 정원을 가꾸거나 기르기 쉬운 채소를 텃밭에 심는 사람들이 늘고 있음
- 텃밭에서 다양한 채소를 기르다 보면 식물에 대해 많은 것을 배울 수 있음
- 집에서 키우기 쉬운 채소 : 토마토, 옥수수, 고추, 고구마, 파, 당근, 호박, 상추, 오이, 시금치 등

인기 있는 반려식물

맑은 공기를 만들어 주는 반려식물로 집 안에 작은 정원을 만들 수 있어요. 집 안 곳곳에 식물을 놓아두면 예쁜 인테리어가 되니까요. 요즘에는 식물로 인테리어를 하는 플랜테리어가 인기를 얻고 있어요. 플랜테리어(planterior)란 식물(plant)과 인테리어(interior)가 합쳐진 말이지요.

어떤 반려식물을 기르는 것이 좋을까?

반려식물은 우리 집 환경에 알맞은 식물을 정하는 게 중요해요. 집마다 햇볕이나 습도 등의 환경 조건이 모두 다르니까요. 보통 집 안에서 기르는 식물들은 생명력이 강하고 자주 돌보지 않아도 잘 자랄 수 있는 선인장이나 다육 식물이 좋아요. 집 안은 바깥보다 환경 조건이 좋지 않기 때문에 쉽게 죽을 수 있으니까요.

반려식물을 어디에 두는 게 좋을까?

화분에 반려식물을 담고 나면 거실, 안방, 주방 중 어디에 두어야 할까 고민이 돼요. 반려식물은 종류에 따라 공기 정화, 인테리어, 식용 등 역할이 다르기 때문에 역할에 알맞은 곳에 두면 되지요.

현관 키가 큰 벤자민, 행운목, 스투키 등의 화분을 두어 눈을 시원하게 해요.

거실 거실장이나 테이블 위, 창가 주변에 작은 화분을 두는 게 좋아요.

화장실 암모니아 냄새를 없애 주는 관음죽, 테이블야자 등이 있어요.

공부방 집중력을 향상시키고 전자파 차단에 도움을 주는 식물을 둬요. 로즈마리, 선인장, 파키라 등이 좋아요.

주방 가스레인지에서 생기는 일산화탄소를 정화시키는 식물이 좋아요. 또한 요리에 사용하는 허브 종류도 좋지요.

아하!

3화
초록아, 도와줘!

자원 식물의 활용

- 약초로 쓰이는 식물
- 의약품의 원료 식물
- 식품으로 이용되는 식물
- 연료로 활용되는 식물

한눈에 쏙 - 식물의 활용

한 걸음 더 - 벌레를 잡아먹는 식충 식물

약초로 쓰이는 식물

식물 중에는 우리의 건강에 도움을 주는 식물이 많이 있어요. 특히 약용 식물은 약으로 쓰이거나 약의 재료가 되는 식물로, 보통 약초라 불러요.

藥 用
약 약 쓸 용

식물의 뿌리, 줄기, 잎, 꽃, 열매 등 좋은 성분이 있는 부분을 분리하여 이용해요. 말리거나 삶아서 이용하기도 하고, 좋은 성분만 뽑아서 이용하기도 해요.

약용 식물은 언제부터 이용했을까?

사람이 약용 식물을 이용한 건 매우 오래전부터예요. 선사 시대부터 지금까지 사용하고 있지요. 가장 오래된 기록은 약 4,800년 전 중국의 신농이 식물을 약으로 이용했다는 기록이에요.

인기 만점 약용 식물

사람에게 도움이 되는 성분이 들어 있는 식물은 예부터 약초로 인기를 누리고 있어요.

예를 들어 도라지는 사포닌 성분이 들어 있어 가래와 염증을 없애 주고 암을 예방하는 데 도움이 돼요.

최근 연구에 의하면 도라지는 인삼과 더불어 치매 예방에도 효과적이라고 해요.

후~ 목이 싹 낫는 이 기분!

이처럼 식물이 가진 놀라운 비밀은 앞으로도 계속 밝혀질 거예요.

약초의 종류와 효능

도라지 목, 폐, 기관지 등 호흡기에 도움이 되는 성분이 많이 들어 있어요. 가래를 없애 주기도 하고, 기관지를 튼튼하게 해 주지요.

더덕 칼슘, 칼륨, 인 등 다양한 무기질이 들어 있어 피로 회복, 혈관 질환, 노화 방지, 암 예방 등에 도움이 돼요.

둥굴레 우리에겐 구수한 차로 알려져 있지만, 둥굴레도 약재로 많이 사용해요. 고혈압을 막아 주고, 혈당을 안정시켜 주지요.

고사리 세계적으로 가장 널리 퍼져 있는 양치식물*로, 다양한 지역에서 약용으로 쓰였어요. 예부터 기생충을 없애고, 기관지염을 치료하는 데 사용했어요.

오미자 단맛, 신맛, 쓴맛, 짠맛, 매운맛 등 5가지 맛을 느낄 수 있다 하여 오미자(五다섯 오 味맛 미 子열매 자)라고 해요. 혈압을 낮춰 주고, 면역력을 높여 주며, 폐를 튼튼하게 해요.

쑥 몸을 따뜻하게 만들어 주어 피가 온몸을 원활하게 돌게 해요. 또한 소염, 살균, 통증 완화에도 큰 도움이 돼요.

우엉 신장을 튼튼하게 하여 소변이 잘 나오게 하고, 장에 도움이 되는 균을 활성화시켜 변비를 완화시켜 줘요.

✸ **양치식물** 꽃이 피지 않고 포자로 번식하는 식물의 한 종류

의약품의 원료 식물

식물에서 얻은 유용한 물질은 의약품의 재료로도 많이 사용하고 있어요. 병원이나 약국에서 병이나 상처를 치료하거나 병을 예방할 목적으로 사용하는 수많은 의약품은 식물로부터 얻어진 것이 많이 있어요.

세계의 명약 아스피린

식물에서 추출한 의약품 중 가장 유명한 건 아스피린이에요. 아스피린은 아프거나 열이 날 때 먹는 진통·해열제이지요.

기원전 1660년, 당시 사람들은 버드나무 껍질을 먹으면 열이 내리고 통증이 사라지며 염증을 낮게 한다는 사실을 알게 되었어요. 이는 '살리실산'이라는 물질 때문이었지요.

그 후 19세기 말에 독일의 화학자 펠릭스 호프만이 이 성분을 이용하여 아스피린을 만들었어요. 아스피린은 1899년에 처음 세상에 소개된 뒤 지금까지도 널리 이용되고 있답니다.

의약품으로 이용되는 소중한 식물

사람들은 여전히 의약품 연구에 식물을 이용하고 있어요. 현대에는 식물을 연구해서 얻어진 의약 성분으로 암, 말라리아, 심장 질환 등 다양한 질병을 치료하고 있지요. 식물을 통해 사람의 생명을 살리고 잃어버린 건강을 회복시키는 셈이에요.

백혈병 치료제 **일일초**

둥근 별 모양의 꽃이 매일 한 송이씩 피는 일일초는 백혈병 치료제에 사용돼요. 일일초에서 추출한 성분이 암세포가 늘어나는 걸 막아 주는 항암 작용을 하거든요.

말라리아 치료제 **기나나무**

껍질 속에 들어 있는 키니네 성분이 말라리아 기생충을 없애는 기능을 갖고 있어요.

심장병 치료제 **디기탈리스**

디기탈리스에 들어 있는 디곡신이 심장 박동을 강하게 해 주고 혈액 순환을 도와줘요.

암 환자에게 좋은 **주목나무**와 **희수나무**

주목나무 껍질에서 뽑아낸 택솔은 암세포가 늘어나는 걸 막아 주는 항암제예요. 난소암, 폐암 등의 말기 암 환자에게 이용돼요.
희수나무에서 추출한 성분은 암세포에 들어 있는 효소의 작용을 방해하여 항암제로 많이 쓰여요.

마음의 병을 치료하는 **세인트존스워트**

'성요한의 풀'이라 불리는 세인트존스워트는 우울증, 신경과민, 불면증 등 뇌신경계 증상과 우울증 치료제로 사용하고 있어요.

식품으로 이용되는 식물

식물이 없어서는 안 되는 가장 중요한 이유 중 하나는 우리의 식량이 되기 때문이에요. 시장에서 고르는 식료품 중 식물이 차지하는 비중이 가장 크거든요.

먹기 위해 키우는 농작물

인간이 식량을 얻기 위해 재배하는 식물을 농작물이라고 불러요. 인류는 오래전부터 지금까지 농작물을 재배하여 필요한 식량을 얻고 있어요. 우리가 주로 먹는 농작물로는 밀, 벼, 옥수수 등의 곡류와 콩, 감자, 고구마 등이 있어요.

식품으로 이용되는 식물에는 곡류뿐 아니라 채소와 과일 등 식용을 목적으로 재배되는 식물들도 포함돼요. 우리나라 주요 작물에는 벼, 보리, 밀, 조, 기장, 피, 수수, 율무, 옥수수, 메밀, 땅콩, 고구마, 감자, 콩, 팥 등이 있답니다.

달콤한 과일과 싱싱한 채소

과일과 채소는 맛좋은 음식이에요. 몸에 좋은 비타민과 섬유질이 많이 들어 있고, 질병을 예방하는 마그네슘과 칼륨도 많이 들어 있지요.

특히 채소는 칼슘, 철, 비타민 등이 풍부해서 많이 먹을수록 건강이 좋아져요. 채소는 식용으로 쓰는 부위에 따라 크게 잎줄기채소, 열매채소, 뿌리채소로 나뉘어요.

잎줄기채소	열매채소	뿌리채소
두릅, 머위, 배추, 상추, 시금치, 쑥갓, 양배추, 죽순 등	가지, 고추, 딸기, 수박, 완두, 참외, 토마토, 피망, 호박 등	고구마, 당근, 도라지, 마, 무, 비트, 생강 등

TIP

식품으로 이용되는 특별한 식물 함초

서해안과 남해안 바닷가에서 잘 자라는 함초는 마디가 퉁퉁해서 '퉁퉁마디'라고도 해요. 함초는 소금기가 많이 들어 있어서 소금을 만드는 데 좋은 원료가 돼요. 전라남도 순천, 신안군, 해남군 등에서는 연한 갈색이나 회색빛을 띠는 함초 소금을 만들고 있어요.
함초 소금은 일반적인 소금에 비해서 나트륨이 적게 들어 있어서 덜 짜고 칼슘과 마그네슘 등의 미네랄이 풍부해서 건강에 매우 좋아요. 함초는 변비를 치료해 주고 피부 미용에도 좋아요. 콜레스테롤과 중성 지방을 제거하여 혈액 순환을 좋게 하고 혈관을 깨끗하게 해서 혈압 관리에도 좋지요. 소화 기관 및 당뇨 치료에도 효과가 있답니다.

연료로 활용되는 식물

식물은 먹거리와 의약품의 일부로 사용될 뿐만 아니라, 미래 에너지의 희망이 되고 있어요. 연료로 사용하는 식물은 석탄, 석유 등의 화석 연료와 달리, 환경 오염이 적은 친환경 에너지이기 때문이에요.

바이오 연료로 주행하는 자동차

바이오 연료는 여러 식물에서 구할 수 있어요. 그중 커피 찌꺼기는 다른 식물보다 더 많은 바이오 연료를 얻을 수 있지요. 그 이유는 커피 찌꺼기 속에 기름이 15퍼센트 이상 들어 있기 때문이에요. 이 기름을 모아 자동차 연료로 사용하는 거예요. 실제로 영국, 미국, 브라질 등에서 바이오 연료를 이용한 자동차가 도로를 달리고 있어요.

바이오 연료는 커피, 곡물 등의 식물에서 얻은 친환경 연료이기 때문에 대기 오염 물질이 많이 생기지 않아요. 따라서 지구의 모든 자동차가 바이오 연료로 달린다면 환경 보호에 큰 도움이 될 거예요.

커피를 즐기는 우리나라

원두에서 커피를 추출하면 0.2퍼센트만 커피가 되고 나머지 99.8퍼센트는 커피 찌꺼기로 버려져요.

커피를 좋아하는 우리나라에서도 버려지는 커피 찌꺼기의 양이 만만치 않아요. 다행히 몇몇 커피 전문점에서는 재활용을 하려고 노력하고 있어요. 커피 찌꺼기를 재활용하면 친환경 퇴비도 만들 수 있어요. 커피 찌꺼기에 식물이 자라는 데 필요한 질소, 인산, 칼륨 등이 풍부하게 들어 있거든요.

그 외에 벽돌, 테이블, 점토, 숯, 벽지, 화장지로도 개발되었어요. 머지않아 우리나라에서도 커피로 가는 버스와 택시를 탈 수 있길 바라요.

바이오 연료는 인류의 희망

인간이 바이오 연료를 얻기 위해 노력한 지는 얼마 되지 않았어요. 화석 연료인 석탄과 석유가 훨씬 더 많은 에너지를 쉽게 만들 수 있었으니까요.

그러나 화석 연료로 인해 환경 오염이 점점 심해지자 바이오 연료를 주목하기 시작했어요. 기후 변화로 울창한 숲이 파괴되고 지구촌의 수많은 동식물이 생명을 잃어 갔기 때문이지요. 더욱이 화석 연료도 점점 고갈되었고요.

따라서 식물에서 얻어 활용하는 바이오 연료는 인류의 희망이 되는 친환경 에너지 자원이랍니다.

식물의 활용

약초로 쓰이는 식물

- 약용 식물 : 약으로 쓰이는 식물로, 약초라고도 부름
- 선사 시대부터 현재까지 이용 중
- 약초의 종류와 효능

  도라지 : 호흡기에 도움이 되고, 가래를 없애 줌

  더덕 : 피로 회복, 노화 방지, 암 예방에 도움이 됨

  둥굴레 : 고혈압을 막아 주고, 혈당을 안정시켜 줌

  고사리 : 기생충을 없애고, 기관지에 도움이 됨

  오미자 : 혈압을 낮춰 주고, 면역력을 높여 줌

  쑥 : 피가 온몸을 잘 돌게 하고, 염증을 없애는 데 도움이 됨

  우엉 : 신장과 장 건강에 도움이 됨

의약품의 원료 식물

- 의약품을 만드는 데 필요한 물질을 식물에서 많이 얻고 있음
- 아스피린 : 버드나무 껍질에 있는 살리실산을 이용한 진통·해열제
- 의약품으로 이용되는 식물 : 일일초(백혈병 치료제), 기나나무(말라리아 치료제), 디기탈리스(심장병 치료제), 주목나무와 희수나무(항암제), 세인트존스워트(우울증 치료제) 등

식품으로 이용되는 식물

- 농작물 : 인간이 식량을 얻기 위해 재배하는 식물로, 곡류·과일·채소 등이 있음
- 주요 작물 : 벼, 보리, 밀, 옥수수, 고구마, 콩 등
- 주요 채소의 종류

잎줄기채소	열매채소	뿌리채소
두릅, 머위, 배추, 상추, 시금치, 쑥갓, 양배추, 죽순 등	가지, 고추, 딸기, 수박, 완두, 참외, 토마토, 피망, 호박 등	고구마, 당근, 도라지, 마, 무, 비트, 생강 등

연료로 활용되는 식물

- 바이오 연료 : 식물을 이용한 연료로, 화석 연료에 비해 환경 오염이 적기 때문에 미래 에너지로 주목받음
- 커피 찌꺼기 : 기름이 15퍼센트 이상 들어 있어 바이오 연료로 활용도가 높음

벌레를 잡아먹는 식충 식물

벌레를 잡아먹는 식물에 대해 들어 본 적 있나요? 이러한 식물을 식충 식물이라고 해요. 포충 식물, 벌레잡이 식물이라고도 하지요. 식충 식물은 벌레가 잎이나 꽃에 앉으면 덥석 잡아먹고 영양분을 얻어요. 식충 식물에는 어떤 종류가 있는지 알아봐요.

파리지옥

넓적한 모양의 잎이 뿌리에서부터 뭉쳐나서 자라요. 잎 사이로 벌레가 들어가면 급히 닫아 잡아먹는답니다.

네펜테스

통 모양으로 생긴 식물로, 벌레를 유인하는 꿀샘이 있어요. 통 속에는 벌레를 잘 소화하고 흡수시켜 주는 점액이 고여 있지요.

끈끈이주걱

동그란 모양의 잎 가장자리에 끈끈한 액체를 내뿜는 털이 있어요. 여기에 곤충이 닿으면 달라붙게 되고, 이때 잎이 오므라들면서 벌레를 먹지요.

벌레잡이제비꽃(에셀리아나)

제비꽃처럼 예쁘게 생겼지만 알고 보면 벌레를 잡아먹는 무시무시한 식물이에요. 잎 주변에서 나오는 끈끈한 점액에 벌레들이 달라붙으면 잡아먹지요.

사라세니아

꿀샘이 있어 벌레를 유인해요. 네펜테스처럼 통 모양 잎 속에 벌레를 가두며, 통 밑에는 액체가 고여 있어 벌레가 한번 빠지면 밖으로 나올 수 없어요.

아하!

4화 초록이의 잠 못 드는 밤

환경 식물과 생태계

- 빛 공해와 잠 못 드는 생물
- 기후 변화를 막기 위한 유전자 변형 식물
- 식물과 곤충의 공진화 - 꽃과 곤충
- 울창한 숲이 주는 혜택

한눈에 쏙 - 식물과 생태계
한 걸음 더 - 식물에서 힌트를 얻어 만든 발명품

빛 공해와 잠 못 드는 생물

사람과 자연환경에 피해를 주는 인공 불빛을 '빛 공해'라고 해요.

도시는 밤늦게까지 활동하는 사람들 때문에 밤에도 항상 환해요. 이 때문에 가로등이나 빌딩 옆에 사는 식물은 매우 위태로워요. 밤이 돼도 주변이 밝아서 광합성을 하거든요. 캄캄한 밤에는 낮에 만들어 놓은 양분을 어린잎이나 뿌리 등으로 보내야 하는데, 불빛이 환해서 그럴 수 없지요. 그렇다면 밤에 쉬지 못한 식물에겐 어떤 일이 일어날까요?

빛 때문에 고통받는 식물

밤에 커진 환한 불빛은 식물이 자라는 데 큰 피해를 줘요. 심하면 열매를 맺지 못하거나 약한 추위도 견디지 못해 금방 얼어 죽지요.

가로등 옆에서 불빛을 계속 받는 가로수들은 계절을 착각해서 단풍이 늦어지거나 수명이 짧아지기도 해요. 가을에 피는 코스모스가 여름이나 봄에 피는 것도 모두 빛 공해 때문이지요. 밝은 불빛을 받으며 자란 벼, 들깨, 콩 등의 농작물은 키만 커지고 제대로 자라지 못해 열매를 맺지 못하는 경우도 많답니다.

동물에게도 해로운 빛 공해

새들은 밝은 불빛 때문에 알을 못 낳기도 하고, 밤에 이동하는 철새들은 빌딩 불빛 때문에 길을 잃는 경우도 있어요. 고향으로 돌아오는 연어와 청어 같은 물고기들이 인공 불빛 때문에 이동하지 않는다는 연구 결과도 있지요.

해변에 알을 낳는 바다거북은 원래 바다에 비친 달빛을 향해 기어가야 하지만, 인공 불빛을 달빛으로 착각해서 이동하다가 말라 죽거나 자동차에 깔려 죽기도 해요. 그러므로 불필요한 빛을 줄이기 위해 노력해야 해요.

TIP
우리나라는 빛 공해 세계 2위 국가?!

우리나라는 빛 공해가 매우 심각한 수준이에요. 그래서 2013년에는 '인공조명에 의한 빛 공해 방지법'이 생겨났어요. 가로등을 아래로만 향하게 하고, 옥외 광고판이나 건물의 빛의 양을 줄이는 등 빛 공해를 막기 위해 노력하고 있답니다.

빛 공해는 인간에게도 나쁜 영향을 줘요. 수면의 양과 질을 떨어뜨리는 원인이 되기 때문이에요. 따라서 잘 때는 조명을 완전히 꺼야 해요. 텔레비전, 스마트폰, 컴퓨터 모니터 등은 자기 전에는 보지 않는 게 좋아요. 화면에서 뿜어져 나오는 청색광을 보면 잠이 달아나서 푹 잘 수 없기 때문이에요.

기후 변화를 막기 위한 유전자 변형 식물

최근 지구의 온난화로 인해 우리나라의 기후는 사계절이 뚜렷한 온대 기후에서 그보다 좀 더 덥고 습한 아열대 기후로 변했지요. 몇몇 식물들은 더워진 날씨에 적응하지 못해 멸종 위기에 놓였답니다.

기후 변화 지표종

우리나라에도 사라질 위기에 처한 식물들이 늘고 있지요. 그래서 우리나라에서는 2010년에 기후 변화에 대비하여 관리가 필요한 생물 100종을 골라 '국가 기후 변화 생물 지표*'로 정했어요. 지정된 생물은 모두 한반도 고유종이며, 이 중 식물은 44종이지요.

구상나무

지리산, 덕유산, 한라산에 자라는 구상나무와 제주와 경상남도의 고산 지대에 자라는 설앵초는 지구 온난화가 계속되면 지구에서 영영 멸종될 가능성이 높은 식물이에요. 높은 고산 지대에서만 자라는 식물이거든요. 서식지를 점차 북쪽으로 옮기고 있는 만주송이풀, 능이, 옥덩굴 등도 기후 변화 지표종으로 지정됐어요. 주로 남부 지방에서 자라는 후박나무도 기후 변화로 인해 점차 중부 지방까지 확장되어 지표종이 됐어요. 이러한 식물들이 멸종되지 않도록 꾸준한 관리가 필요해요.

설앵초

🌟 **지표** 방향이나 목적, 기준 등을 나타내는 것

환경 문제를 해결하기 위한 유전자 변형 식물(GMO)

지구에 살고 있는 녹색식물만으로는 기후 변화를 막을 수 없어요. 인간의 산업 활동으로 숲이 줄어들고, 이산화탄소 등의 오염 물질 때문에 대기 오염도 심해졌거든요.

현재 지구에 사는 식물이 이산화탄소를 흡수하고 있지만, 지구에 발생하는 이산화탄소 양이 너무 많아요. 그래서 광합성 효율을 높일 수 있는 특별한 유전자 변형 식물(GMO)을 만들고 있어요. 사막이나 간척지 등 나쁜 환경에서도 자랄 수 있는 유전자 변형 식물을 만들면 부족한 식량 문제를 해결할 수도 있지요.

유전자 변형 식물은 안전할까?

유전자 변형 식물이 생태계에 어떤 영향을 미칠지, 먹어도 안전한지 철저하게 검토해야 해요. 아직 완전히 검증된 것이 아니니까요.

유전자 변형 식물로 인해 생태계에 문제가 생길 수도 있고, 토종 종자가 사라질 수도 있지요. 사람이 유전자 변형 식물을 먹었을 때 몸에 독성이나 알레르기 등의 건강 문제가 생길지도 몰라요. 그러므로 유전자 변형 식물은 지속적인 연구와 검토가 꼭 필요하답니다.

식물과 곤충의 공진화 – 꽃과 곤충

예쁘게 핀 꽃에는 어김없이 곤충들이 날아들어요. 부지런한 꿀벌은 꽃에 앉아 주둥이로 꿀을 빨고 뒷다리로 꽃가루를 모으지요. 향긋한 꿀을 좋아하는 나비와 꽃가루를 핥아 먹는 꽃등에와 꽃하늘소도 모두 꽃을 좋아하는 곤충이에요.

꽃과 곤충의 공진화

꽃과 곤충은 서로 꼭 필요한 존재예요. 꽃은 찾아오는 곤충 덕분에 수분을 할 수 있어서 열매를 맺고 번식할 수 있어요. 곤충은 식물의 꿀과 꽃가루를 먹으며 살아가지요.

꽃은 번식을 위해 꽃가루를 퍼뜨려 줄 곤충이 필요해요. 이처럼 곤충이 꽃가루를 옮겨 주는 꽃을 '충매화'라 해요. 충매화는 곤충을 유인하기 위해 꽃을 만들고, 꽃가루를 잘 들러붙게 하려고 꽃의 모양과 크기를 변화시켰어요. 꿀을 필요로 하는 곤충은 꿀을 얻기 위해 자신의 모습을 꽃 모양에 맞춰서 발전시켰지요.

꿀벌은 수분에 도움을 주는 곤충의 70퍼센트 이상을 차지해요. 꿀벌의 호리호리한 몸매와 꽃가루를 묻히는 능력을 살펴보면 꽃과 함께

蟲 媒 花
벌레 충 매개 매 꽃 화

발전한 곤충이라는 걸 알 수 있지요.

이렇게 꽃과 곤충처럼 한쪽의 발전이 또 다른 한쪽에 영향을 주어 함께 발전하며 사는 걸 '공진화'라고 해요.

共 進 化
함께 공 나아갈 진 될 화

벌레는 어떤 꽃에 잘 모일까?

꽃과 곤충은 수백만 년 동안 서로 도움을 주고받으며 진화했어요. 식물은 꽃의 모양, 색깔, 향기 등을 다르게 하여 자신이 원하는 곤충을 불러 모았지요.

꽃은 자신에게 알맞은 곤충을 불러들이기 위해 모양을 발전시켰어요. 꽃에 잘 앉을 수 있도록 꽃잎을 넓게 하거나, 잘 매달릴 수 있도록 꽃을 위쪽으로 젖혀지게 만들기도 해요. 작은 꽃들은 뭉쳐 피어 곤충이 잘 앉도록 돕기도 한답니다.

울창한 숲이 주는 혜택

울창한 숲은 엄청난 양의 산소를 만들어요. 숲이 만드는 신선한 산소는 여러 동식물에 큰 도움이 되지요. 또한 숲에는 인간에게 매우 유용한 자원이 가득해요. 집과 가구, 종이를 만드는 목재 등은 모두 숲에서 얻으니까요. 숲은 우리에게 또 어떤 혜택을 줄까요?

숲이 없는 지구는 상상만 해도 아찔해!

재해를 막아 주는 숲

장마철이나 큰비가 내릴 때면 산에서는 종종 산사태가 발생해요. 그러나 나무가 빽빽하면 산사태가 잘 일어나지 않아요. 나무뿌리에서 물을 가득 빨아들일 뿐만 아니라 크고 작은 풀, 낙엽, 부러진 가지들이 흙이 흘러내리는 걸 막아 주거든요.

숲은 낙석, 홍수 등의 피해도 막고, 강한 비바람도 막아요. 숲은 지구의 기온을 낮춰 기후 조절도 해 준답니다.

물을 저장하는 녹색 댐

숲속의 흙은 빗물을 가득 빨아들였다가 조금씩 흘려보내는 능력이 있어요. 스펀지처럼 물을 머금었다가 천천히 지하로 흘려보내 지하수를 만들거든요. 나무가 없는 땅에 비해 물을 저장할 수 있는 능력이 뛰어나서 마치 물을 저장하기 위해 만든 댐과 비슷한 역할을 한답니다.

공기 정화와 소음 방지

숲은 도시에 비해 먼지가 매우 적어요. 울창한 숲이 먼지를 걸러 내거든요. 나무는 사람이나 동물에게 해로운 먼지, 이산화탄소, 아황산가스, 질소화합물 등의 물질을 잎 뒷면에 있는 기공으로 빨아들이거나 잎 표면에 달라붙게 해 공기를 정화시켜 주지요.

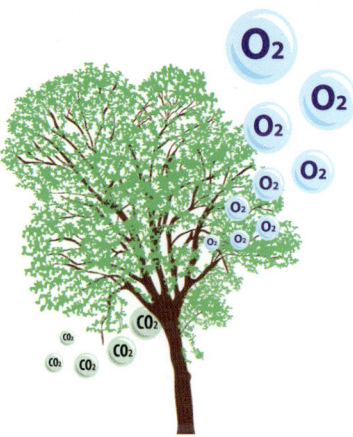

숲은 소음을 줄이는 데도 큰 도움이 돼요. 숲에 들어가면 도시보다 조용하다는 걸 느낄 수 있어요. 나무줄기, 가지, 잎 등이 방음판 역할을 하여 소리를 잘 흡수하기 때문이지요.

휴식의 장소

숲은 사람들이 좋아하는 장소예요. 특히 도시에서 바쁘게 일하다가 지친 사람들이 관광, 낚시, 야영 등의 여가를 즐기거나 휴식을 위해 숲을 찾아와요.

푸른 숲은 맑고 깨끗한 산소가 가득한 휴식처예요. 숲에서 나오는 피톤치드*는 지친 사람들의 건강을 되찾아 주고 마음도 위로해 주지요. 좋은 숲에 가서 삼림욕을 하면 스트레스도 사라지고 건강해진답니다.

🔸 **피톤치드** 나무에서 뿜어져 나오는 천연 물질로, 해로운 균을 막아 줌

식물과 생태계 • 79

식물과 생태계

빛 공해로 고통받는 생물

- 빛 공해 : 사람과 자연환경에 피해를 주는 인공 불빛
- 빛 공해로 인한 피해
  - 식물이 계속 광합성을 하느라 쉬지 못함, 심한 경우 열매를 맺지 못하거나 약한 추위에도 얼어 죽음, 계절을 착각하여 단풍이 늦어지거나 수명이 짧아짐
  - 동물들이 알을 못 낳거나 철새들이 길을 잃는 등 피해를 입음

기후 변화를 막기 위한 유전자 변형 식물

- 국가 기후 변화 생물 지표 : 기후 변화에 적응하지 못해 사라질 위기에 처한 식물로, 한반도 고유 생물 100종이 선택됨, 이 중 식물은 44종임
- 기후 변화의 주요 원인인 이산화탄소를 없애기 위한 특별한 유전자 변형 식물을 연구 중임
- 유전자 변형 식물의 안전성에 대해서도 연구가 함께 진행되어야 함

식물과 곤충의 공진화

- 대부분의 꽃은 곤충이 있어야 수분을 할 수 있음
- 충매화 : 곤충이 꽃가루를 옮겨 주는 꽃
- 공진화 : 꽃과 곤충처럼 한쪽의 발전이 또 다른 한쪽에 영향을 주어 함께 발전하며 사는 것
- 충매화는 자신에게 알맞은 곤충을 불러들이기 위해 모양, 색깔, 향기 등을 진화시킴

울창한 숲이 주는 혜택

- 재해 방지 : 나무가 빽빽하면 산사태, 낙석, 홍수 등을 예방할 수 있음
- 물 저장 : 빗물을 가득 저장했다가 조금씩 흘려보냄
- 공기 정화 : 먼지를 걸러 내고 공기를 맑게 해 줌
- 소음 방지 : 나무가 방음판 역할을 하여 소리를 흡수함
- 휴식의 장소 : 관광, 야영 등 여가를 즐기거나 삼림욕을 하며 휴식을 취함

식물에서 힌트를 얻어 만든 발명품

식물의 독특한 특성에서 힌트를 얻어 만든 발명품은 매우 많아요. 어떤 물건이 있는지 알아봐요.

도꼬마리와 벨크로(찍찍이)

1941년 스위스의 엔지니어 조르주 드 메스트랄(George de Mestral)은 사냥개에 붙은 도꼬마리 가시에서 아이디어를 얻어 벨크로를 발명했어요. 벨크로(velcro)는 프랑스어로 벨벳을 뜻하는 블루아르(velours)와 걸쇠를 뜻하는 크로셰(crochet)가 합쳐져서 만들어진 이름이에요.

장미 넝쿨과 철조망

19세기 후반 미국의 양치기 소년 조셉은 양들이 울타리를 탈출하는 것 때문에 골머리를 썩고 있었어요. 그러던 중 장미 넝쿨을 피하는 양들을 발견했어요. 조셉은 곧장 장미 넝쿨을 울타리에 매어 놓아 효과를 보았지요. 여기서 아이디어를 얻은 조셉은 철사 가시로 된 철조망을 발명했답니다.

단풍나무 씨앗과 헬리콥터

옛날 사람들이 빙글빙글 돌아서 떨어지는 단풍나무 씨앗을 보고 헬리콥터 프로펠러를 만들었어요. 단풍나무 씨앗이 회전하는 과정에서 소용돌이가 생기면 공기가 위쪽으로 밀려 올라가 오랫동안 공중에서 머물지요. 이러한 단풍나무 씨앗에서 아이디어를 얻어 오랫동안 제자리에서 떠 있는 프로펠러가 만들어졌어요.

민들레 꽃씨와 낙하산

바람에 날리는 민들레 꽃씨는 가볍게 공중에 떠올랐다가 천천히 땅으로 떨어지는 특성이 있어요. 옛날 사람들은 이 모습을 보고 공중에서 떨어질 때 이용하는 낙하산을 만들었어요.

- 식물의 분류 체계를 완성한 린네
- 식물 유전학자 멘델
- 약초를 연구한 한의사 허준

한눈에 쏙 – 식물을 연구한 사람
한 걸음 더 – 식물 관련 자격증

식물의 분류 체계를 완성한 린네

린네(1707~1778년)는 스웨덴의 박물학자예요. 어릴 때부터 꽃을 좋아한 그는 정원에서 식물을 돌보며 많은 시간을 보냈어요.

젊은 시절에 네덜란드, 영국, 프랑스 등에서 의학과 식물학을 연구한 뒤, 스웨덴으로 돌아와 스톡홀름에서 병원을 열었지요. 그 후에 웁살라 대학교의 의학, 식물학 교수가 되었어요.

린네의 가장 큰 업적은 생물의 분류를 정리하여 인위 분류 체계(린네 분류 체계)를 완성한 것이에요.

생물을 이명법으로 표시한 린네

현재 지구상의 수많은 생물을 분류할 때 일반적으로 '종속과목강문계'의 순서로 나눠요. 뒤로 갈수록 더 넓은 범위이지요. 맨 앞 글자 '종'은 생물을 가장 좁게 분류한 것이에요. 개를 몰티즈, 푸들, 치와와 등의 종으로 나누는 것처럼 말이지요. 맨 뒤에 있는 '계'는 생물을 가장 넓은 범위로 분류한 것으로, 지구상의 생물은 동물계, 식물계로 나누지요.

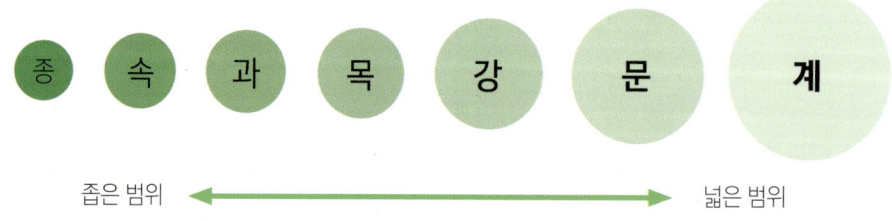

린네는 생물을 표시할 때 '속'의 이름 뒤에 '종'의 이름을 붙여서 생물을 하나하나 나타내는 방법을 만들었어요. 이러한 체계를 이명법이라고 해요.

이명법은 현재까지도 사용하고 있어요. 학자들이 사용하는 '학명'이 바로 이명법을 사용한 명칭이랍니다.

예를 들어 찔레꽃의 학명은 *Rosa multiflora*예요. 이 학명을 속명과 종명으로 나누면 다음과 같아요.

Rosa	*multiflora*
속명 장미속	**종명** 찔레꽃

장미속에 속한 찔레꽃에도 줄기에 가시가 있어.

이처럼 학명을 살펴보면 각 식물의 속을 알 수 있어요. 찔레꽃이 장미속에 속한다는 것을 알 수 있는 것처럼요.

남자와 여자를 뜻하는 기호

화장실에서 오른쪽과 같은 기호를 본 적 있나요? 놀랍게도 이 기호는 린네가 만들었어요. 현재는 사람의 성별을 나타내는 기호로 사용되고 있지요. 하지만 린네가 이 기호를 만든 건 동물을 수컷, 암컷으로 표시하기 위해서였답니다.

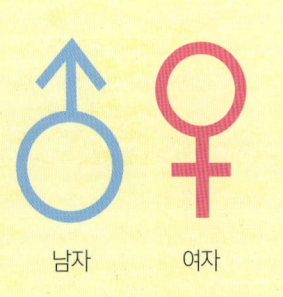

식물 유전학자 멘델

멘델(1822~1884년)은 오스트리아에서 가난한 농부의 아들로 태어나 성직자가 되었어요. 1851년에 수도원의 후원으로 빈 대학교에서 식물학, 물리학, 화학, 생물학, 수학 등을 공부했지요. 그 후 브륀 국립 종합 학교에서 자연 과학을 가르치기도 했어요.

멘델은 수도원 마당에서 7년 동안 완두를 기르며 실험한 끝에 1863년에 멘델의 유전 법칙을 발견했어요. 하지만 안타깝게도 당시에는 멘델의 연구를 알아주는 사람이 없어 빛을 보지 못했어요. 사람들은 연구 내용이 어렵다며 제대로 이해하려고 하지 않았지요. 결국 그가 세상을 떠난 뒤에 뒤늦게 인정을 받았어요. 멘델은 완두를 통해 현대 유전학의 창시자로 존경받고 있답니다.

멘델이 완두콩 실험을 했던 세인트 토마스 수도원

완두콩으로 유전의 법칙을 발견한 멘델

멘델은 1856년부터 완두콩으로 유전학에 대해 연구했어요. 한 가지 특성이 다음 세대로 어떻게 전해지는지 궁금했던 거예요. 완두콩은 기르기 쉽고 한살이가 짧으며 자손이 많아 유전의 원리를 알아내기 쉬울 거라고 생각했지요.

　멘델은 두 종류의 완두콩을 교배*해 보았어요. 우선 표면이 둥글둥글한 완두콩과 주름진 완두콩을 교배했지요. 그랬더니 다음 세대에서 모두 둥글둥글한 완두콩이 나왔어요. 이때 둥글둥글한 유전자, 즉 다음 세대에 나타난 형질을 우성이라고 했지요. 반대로 주름진 유전자, 즉 나타나지 않는 형질을 열성이라고 했어요.

둥글둥글한 완두콩　주름진 완두콩

　멘델은 완두콩 실험을 통해 분리의 법칙과 독립의 법칙도 발견했어요. 분리의 법칙은 우성 순종*과 열성 순종을 교배했을 때 첫 번째 세대에서는 우성 형질만 나타나고, 그다음 두 번째 세대에서는 우성과 열성이 3:1의 비율로 나타난다는 내용이에요. 즉, 4개가 열렸다고 쳤을 때 둥글둥글한 완두콩이 3개, 주름진 완두콩이 1개 나온다는 뜻이지요. 보이지 않았던 주름진 완두콩이 나타난 것이지요.

　이때 완두콩의 모양, 색, 길이 등 서로 다른 형질끼리는 우성, 열성을 가리지 못해요. 이렇게 형질이 각각 독립적으로 나타나는 것을 독립의 법칙이라고 해요.

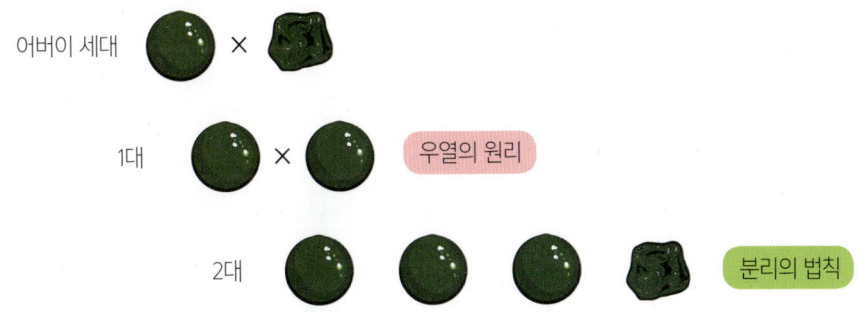

★ **교배** 생물을 수정 또는 수분시켜 다음 세대를 얻는 일
★ **순종** 다른 계통과 섞이지 않은 순수한 품종

약초를 연구한 한의사 허준

허준(1539~1615년)은 조선 선조 때의 명의예요. 서자로 태어나서 벼슬에 오르지 못하고 의학의 길을 선택했어요. 총명했던 허준은 20대에 유명한 의사가 되었지요.

허준은 29살 때 내의원 시험에 합격하여 궁중 의사가 되었어요. 내의원은 조선 시대에 궁중에서 의술과 약을 맡아보던 기관이지요.

허준은 내의원에 들어간 다음 해부터 어의(왕과 왕족을 진료하는 의사)가 되어 왕을 보살폈어요. 또한 치료를 잘해서 왕으로부터 신뢰를 얻었어요. 1590년에는 많이 아프던 왕자를 치료하고, 1592년 임진왜란 때에는 의주까지 피신한 선조의 건강을 돌보는 등의 공로를 인정받아 정1품의 높은 벼슬까지 올랐답니다.

허준의 《동의보감》

허준의 가장 중요한 업적은 의학 도서 《동의보감》을 만든 거예요.

허준은 선조의 지시를 받아 임진왜란 중에 《동의보감》을 만들기 시작했어요. 전쟁으로 인해 전염병이 퍼지면서 백성이 힘들어하자 각자 스스로 자신의 병을 치료하는 데 도움이 되는 책을 만든 것이지요.

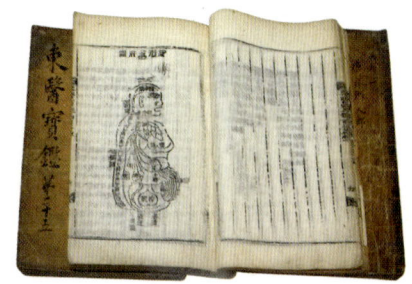

《동의보감》은 환자를 치료한 경험뿐만 아니라 왕실에 있던 여러 의학서를 모아서 만든 동양 의학 백과사전이에요. 중국, 일본, 대만 등에도 번역되어 동아시아 의학 발전에 큰 도움을 주었지요. 무엇보다 세계 최초로 일반인들을 위해 만들어진 대중 의학서라는 점에 큰 의의가 있지요. 《동의보감》은 이러한 가치를 인정받아 2009년에 유네스코 세계 기록 유산으로 지정되었어요.

약용 식물 연구

《동의보감》은 병의 종류와 치료 방법을 5가지로 구분하여 25권의 책에 담았어요. 특히, 일반 백성들이 쉽게 약재를 구할 수 있는 방법과 처방 등이 자세히 기록되어 있지요.

〈탕액 편〉을 보면 약으로 쓰는 물, 곡식, 새, 짐승은 물론이고 물고기, 벌레, 과실, 채소, 풀, 나무 등이 기록되어 있어요. 중국에서 수입한 비싼 약재 대신, 우리나라에서 쉽게 구할 수 있는 약재를 소개하고 있지요.

약재 이름도 의원들이 쓰는 전문 용어와 함께 일반 백성들이 쓰는 한글 이름도 함께 써 놓아 약재를 쉽게 찾을 수 있게 했어요.

《동의보감》에 기록되어 있는 풀과 나무 등의 약용 식물은 지금도 한의학에서 우리의 병을 고치는 데 큰 도움이 되고 있답니다.

나는 한의사가 될 거야!

식물을 연구한 사람

린네
- 스웨덴의 박물학자로, 의학과 식물학을 연구함
- 생물의 분류를 정리하여 인위 분류 체계인 이명법을 완성함
- 이명법 : '종속과목강문계'에서, 속의 이름 뒤에 종의 이름을 붙여서 생물을 하나하나 나타내는 방법 … 현재까지도 학자들이 학명을 붙이는 방법으로 사용

Rosa	*multiflora*
속명 장미속	**종명** 찔레꽃

멘델
- 성직자였으나 식물학, 물리학, 화학, 생물학, 수학 등을 공부함
- 수도원 마당에서 7년 동안 완두를 기르며 실험한 끝에 1863년 유전 법칙을 발견함
- 완두로 실험한 이유 : 기르기 쉽고, 한살이가 짧으며, 자손이 많기 때문에 유전의 원리를 알아내기 쉬울 거라고 생각함
- 우열의 원리 : 형질이 다른 두 종자를 교배하면 둘 중 한 가지 형질만 드러남 … 이때 다음 세대에 나타나는 형질을 우성, 나타나지 않은 형질을 열성이라고 함

- 분리의 법칙 : 우성만 나타난 잡종 1세대를 교배했을 때, 일정한 비율에 따라 우성과 열성이 분리되어 나타남
- 독립의 법칙 : 모양, 색, 길이 등 서로 다른 종류의 형질끼리는 우성, 열성을 가리지 않고 각각 독립적으로 나타남

허준

- 조선 선조 때 명의로, 29살에 내의원에 합격하여 궁중 의사가 됨
- 내의원 : 조선 시대에 궁중에서 의술과 약을 맡아보던 기관

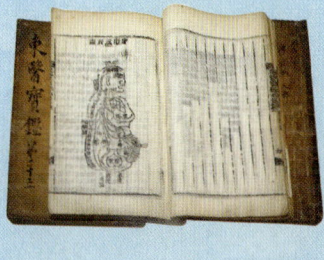

- 의학 도서 《동의보감》 :
  - 선조의 지시를 받아 임진왜란 중에 만듦
  - 환자를 치료한 경험과 여러 의학서를 모아 만든 동양 의학 백과사전
  - 중국, 일본, 대만 등에도 번역되어 동아시아 의학 발전에 도움을 줌
  - 세계 최초로 일반인들을 위해 만들어진 대중 의학서
  - 병의 종류와 치료 방법을 5가지로 구분하여 25권의 책에 담음
  - 약용 식물을 연구하여 일반 백성들이 쉽게 약재를 구하는 방법과 처방 등을 기록함

식물 관련 자격증

식물과 관련된 자격증에는 무엇이 있는지 살펴보고, 어떠한 전문 지식이 필요한지 알아봐요.

산림 교육 전문가

일반 사람들에게 숲에 대해 설명해 주는 사람이에요. 대표적으로 숲 해설가, 유아 숲 지도사 등이 있지요. 이들은 자연 휴양림, 수목원 등에서 사람들에게 산림에 대한 정보를 알려  주고 올바른 가치관을 갖도록 해설하는 전문가예요. 특히 유아 숲 지도사는 아이들에게 자연을 생각하는 마음도 알려 주고, 놀이, 상담, 보호, 치유 등의 역할도 담당하지요. 산림 교육 전문가 양성 기관에서 교육을 받아 자격증을 취득하면 전문가로 활동할 수 있어요.

나무 의사

나무에 발생하는 병해충을 진단하고 처방하여 나무를 치료하는 전문가예요. 천연기념물, 지방 기념물, 사적지, 명승지, 보호수, 희귀목 등 국가 지정 문화재인 나무의 건강을 지켜 주는 중요한 일도 하고 있어요. 나무 의사가 되려면 관련 양성 기관에서 교육을 받고 시험을 통과하여 국가 자격증을 따야 해요.

플로리스트

꽃을 더 아름답게 만드는 전문가예요. 꽃으로 실내외 공간을 아름답게 전시하지요. 화훼 장식 기사 자격증을 딴 뒤 꽃 가게를 열거나 전시 및 행사 기획사, 조경 등의 일을 할 수 있어요.

도시 농업 전문가

도시의 옥상 텃밭이나 주말농장 등에서 도시 사람들에게 채소 재배 방법을 알려 주는 전문가예요. 농사 정보와 올바른 농기구 사용법도 알려 주지요. 지방 자치 단체와 손을 잡고 도시 농업 방향을 고민하고 협동조합을 만들어 도시 농업을 활성화하고 있답니다.

조경 기사

식물을 가꾸고 활용하는 전문가로, 식물을 이용하여 아름다운 생활 공간과 자연 환경을 연출하지요. 수목원이나 정원을 효과적으로 만들고 관리하는 일을 해요.

1화 초록이와 수피아

1 다음 중 식물에 대한 설명으로 틀린 것을 골라 봐요.

① 한곳에 머물러 살아요.
② 씨앗이나 포자(홀씨)를 통해 번식해요.
③ 햇빛을 이용하여 영양분을 만들어요.
④ 어느 정도의 시기가 지나면 자라지 않아요.

2 다음 중 뿌리의 기능이 아닌 것을 골라 봐요.

① 양분을 저장해요.
② 여러 물질을 합쳐 풍부한 양분을 만들어요.
③ 자잘하게 달린 뿌리털이 물과 양분을 빨아들여요.
④ 식물이 똑바로 서 있을 수 있게 땅속에 고정시켜요.

3 다음 글을 읽고 괄호 안에 들어갈 말을 골라 봐요.

식물의 잎에 있는 ( )은/는 햇빛을 흡수한 뒤 이산화탄소, 물을 이용해 양분을 만들어요. 이 과정을 광합성이라고 해요.

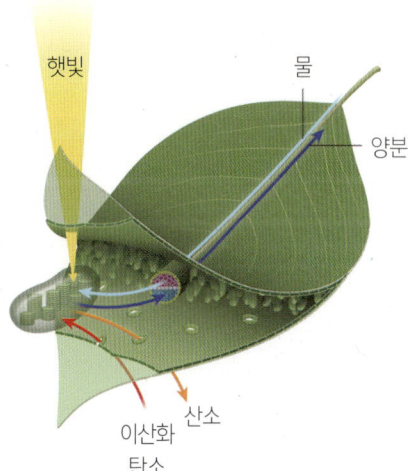

① 기공
② 산소
③ 엽록체
④ 포도당

4 다음 중 그림에 대한 설명으로 맞는 것을 모두 골라 봐요.

① ㉠은 꽃가루가 있는 곳이에요.
② ㉡은 곤충을 유인하고, 암술과 수술을 보호해요.
③ ㉢은 꽃받침으로, ㉠㉡㉣을 지탱해 줘요.
④ ㉣에 꽃가루가 떨어지면 수정이 되어 씨앗이 만들어져요.

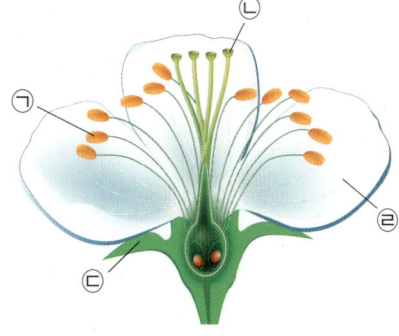

2화 공기를 지키는 수호천사 초록이

1 다음 중 반려식물에 대한 설명으로 틀린 것을 골라 봐요.

① 반려생물에는 개, 고양이, 곤충, 딱 3가지가 있어요.
② 반려동물에 비해 관리하기 편해서 많은 사람이 기르고 있어요.
③ 반려식물을 키우면 정서적으로 도움이 되어 마음이 편안해져요.
④ 반려식물 중에는 공기를 맑고 깨끗하게 해 주는 공기 정화 식물이 있어요.

2 다음 중 가로수와 조경수에 대해 틀린 말을 하는 사람을 골라 봐요.

① 푸른 상록수는 겨울에도 푸른색이라 참 보기 좋아.
② 가로수를 열심히 관리하려면 병충해에 약한 나무를 심어야 해.
③ 가로수는 길가에서 발생하는 오염 물질을 맑은 공기로 정화시켜 준단다.
④ 소음이 심한 도시에서는 소리를 차단할 수 있도록 잎이 넓은 나무를 심는 게 좋아.

3 다음 지구가 하는 말을 읽고, 우리가 숲을 보호해야 하는 이유를 적어 봐요. 서술형 문항 대비 ✓

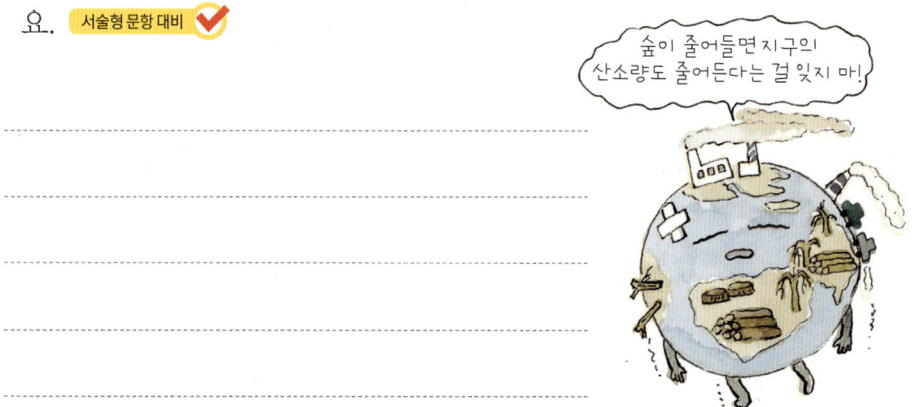

----

4 다음을 보고 무엇에 대한 설명인지 골라 봐요.

① 여러해살이 식물　　② 조경수　　③ 가로수　　④ 텃밭 식물

103

3화 초록아, 도와줘!

1 다음 글을 읽고 무엇에 대한 설명인지 적어 봐요.

> 버드나무 껍질에 들어 있는 살리실산을 이용한 의약품이에요. 이 약은 통증을 줄여 주고 염증을 낫게 해요. 1899년에 처음 세상에 소개된 뒤 지금까지도 널리 이용되고 있답니다.

_____

2 다음 식물들을 잎줄기채소, 열매채소, 뿌리채소 3가지로 나눠 봐요.

상추   양배추   당근   시금치

토마토   피망   고구마   가지   무

잎줄기채소	열매채소	뿌리채소

3 다음 중 바이오 연료에 대해 옳은 말을 하는 사람을 골라 봐요.

① 바이오 연료가 환경 문제를 일으키자 화석 연료를 쓰기 시작했지.

② 커피 찌꺼기에는 기름이 없어서 바이오 연료로 사용할 수 없어.

③ 자동차에는 바이오 연료를 사용할 수 없어.

④ 바이오 연료는 화석 연료보다 환경 오염이 적은 친환경 에너지란다.

4 다음을 읽고 어떤 식충 식물인지 골라 봐요.

이 식물에는 동그란 모양의 잎 가장자리에 끈끈한 액체를 내뿜는 털이 달려 있어요. 이 털에 곤충이 닿으면 달라붙게 되고, 이때 잎이 오므라들면서 벌레를 먹지요.

① 파리지옥 ② 네펜테스
③ 끈끈이주걱 ④ 사라세니아

4화 초록이의 잠 못 드는 밤

1 다음을 읽고 식물이 고통받는 원인이 어떤 환경 문제 때문인지 골라 봐요.

> 이 공해는 식물이 자라는 데 큰 피해를 줘요. 가로등 옆에 있는 가로수들은 계절을 착각해서 단풍이 늦어지거나 수명이 짧아지기도 해요. 밝은 곳에서만 자란 농작물은 키만 커지고 제대로 자라지 못해 열매를 맺지 못하는 경우도 많답니다.

① 수질 오염　　② 대기 오염　　③ 소음 공해　　④ 빛 공해

2 다음을 읽고 괄호 안에 들어갈 알맞은 단어를 골라 봐요.

> 어떤 꽃은 곤충 덕분에 수분을 할 수 있어요. 곤충은 꽃을 통해 꿀을 얻을 수 있고요. 이러한 꽃과 곤충처럼 한쪽의 발전이 또 다른 한쪽에 영향을 주어 함께 발전하며 사는 걸 (　　　)라고 해요.

① 충매화　　② 공진화　　③ 천적 관계　　④ 기생 관계

3 다음 중 울창한 숲이 주는 혜택으로 옳은 것을 모두 골라 봐요.

① 공기 정화 　　② 소음 방지
③ 휴식의 장소 　　④ 산사태 방지

숲이 없는 지구는 상상만 해도 아찔해!

4 다음은 도꼬마리에서 아이디어를 얻어 만든 발명품 벨크로예요. 여러분도 다양한 식물을 관찰해 보고 생활에 도움이 되는 물건을 상상하여 써 봐요. 　서술형 문항 대비 ✓

연꽃과 씨앗

저런 모양의 액세서리 통을 만들면 좋을 거 같아. 구멍 속에 반지를 넣어 두면 딱 좋을 듯!

5화 나무 의사가 될 거야!

1 다음을 읽고 빈칸에 들어갈 말이 바르게 짝지어진 것을 골라 봐요.

> (㉠)의 가장 큰 업적은 생물의 분류를 정리하여 인위 분류 체계를 완성한 것이에요. 그는 '종속과목강문계'에서 (㉡)의 이름 뒤에 (㉢)의 이름을 붙여서 생물을 하나하나 나타냈지요. 이러한 체계를 (㉣)이라고 해요.

① ㉠ 린네 ㉡ 종 ㉢ 속 ㉣ 종속법
② ㉠ 멘델 ㉡ 종 ㉢ 계 ㉣ 종속법
③ ㉠ 린네 ㉡ 속 ㉢ 종 ㉣ 이명법
④ ㉠ 멘델 ㉡ 계 ㉢ 종 ㉣ 이명법

2 다음 중 멘델과 관련 없는 것을 골라 봐요.

① 분리의 법칙
② 독립의 법칙
③ 우열의 원리
④ 관성의 법칙

3 다음을 읽고 어떤 책에 대한 글인지 써 봐요.

> 이 책은 조선 선조 때의 명의인 허준이 쓴 책이에요. 환자를 치료한 경험뿐만 아니라 왕실에 있던 여러 의학서를 모아서 만든 동양 의학 백과사전이지요. 세계 최초로 일반인들을 위해 만들어진 대중 의학서라는 점에 큰 의의가 있어요.

_____

4 다양한 식물을 조사해 보고 집에서 키우고 싶은 식물을 고른 다음, 그 이유를 적어 봐요. 〔서술형 문항 대비 ✓〕

키우고 싶은 식물	키우고 싶은 이유
토마토	제일 좋아하는 채소라 키워서 먹어 보고 싶다.
아이비	미세먼지도 없애 주고, 모양도 예쁘기 때문이다.

정답 및 해설

1화

1. ④
⋯ 식물은 살아 있는 동안 계속 자랄 수 있어요. 반면에 동물은 어릴 때 빨리 자라다가 어느 정도의 시기가 지나면 자라지 않지요. (☞16~17쪽)

2. ②
⋯ 여러 물질을 합쳐 풍부한 양분을 만드는 곳은 잎이에요. (☞18~19쪽)

3. ③
⋯ 식물의 잎에 있는 엽록체는 광합성에 꼭 필요한 요소예요. (☞22쪽)

4. ①, ③
⋯ ⓒ은 암술이에요. 수술에 있던 꽃가루가 옮겨 와 수정이 되어 씨앗을 만들지요. ㉢은 꽃잎이에요. 곤충을 유인하고 암술과 수술을 보호해요. (☞24쪽)

2화

1. ①
⋯ 요즘에는 반려의 의미가 생물 전체로 확대되고 있어요. (☞36~37쪽)

2. ②
⋯ 가로수는 병충해에 강한 나무를 심어야 자동차 배기가스 등의 나쁜 환경에서 잘 버틸 수 있어요. (☞38~39쪽)

3. 자유롭게 적어 봐요.
⋯ 숲은 지속적으로 맑은 공기를 내뿜어 지구의 모든 생물을 숨 쉬게 하는 고마운 존재예요. 그러므로 숲을 보호하고 지켜야 해요. (☞40~41쪽)

4. ④
⋯ 집터에서 키우는 식물을 텃밭 식물이라고 해요. 텃밭 식물을 기르면 신선한 채소로 맛있는 음식도 해 먹을 수 있고, 식물이 자라는 모습도 관찰할 수 있어요. (☞42~43쪽)

3화

1. 아스피린
⋯ 아스피린은 식물에서 추출한 의약품 중 가장 유명한 약이에요. 아프거나 열이 날 때 먹는 진통·해열제이지요. (☞56쪽)

2. 잎줄기채소 : 상추, 시금치, 양배추
열매채소 : 피망, 토마토, 가지
뿌리채소 : 고구마, 당근, 무
⋯ 채소는 식용으로 쓰는 부위에 따라 잎줄기채소, 열매채소, 뿌리채소로 크게 나뉘어요. (☞58~59쪽)

3. ④
⋯ 화석 연료의 환경 문제가 심해지면서 바이오 연료에 대한 연구가 활발해졌어요. 바이오 연료 중 하나인 커피 찌꺼기에는 기름이 들어

있는데, 이 기름을 뽑아내어 자동차 연료로 사용하고 있지요. (☞60~61쪽)

4. ③

⋯ 동그란 모양의 잎 가장자리에 끈끈한 액체를 내뿜는 털이 달려 있는 식충 식물은 끈끈이주걱이에요. (☞64~65쪽)

4화

1. ④

⋯ 사람과 자연환경에 피해를 주는 인공 불빛을 빛 공해라고 해요. 밤늦게까지 환한 빛 때문에 쉬지 못한 식물들은 제대로 못 자라는 경우가 많아요. (☞72쪽)

2. ②

⋯ 한쪽의 발전이 또 다른 한쪽에 영향을 주어 함께 발전하며 사는 걸 공진화라고 해요. (☞76~77쪽)

3. ①, ②, ③, ④

⋯ 숲은 재해를 막아 주고, 공기를 맑게 해 주며, 소음을 줄여 줘요. 또한 휴식의 공간이 되기도 하지요. (☞78~79쪽)

4. 자유롭게 적어 봐요.

⋯ 다양한 식물을 관찰하여 상상해 봐요. (☞82~83쪽)

5화

1. ③

⋯ 생물의 분류를 정리하여 인위 분류 체계를 완성한 사람은 린네예요. 그는 속의 이름 뒤에 종의 이름을 붙여서 생물을 하나하나 나타냈지요. 이러한 체계를 이명법이라고 해요. (☞90~91쪽)

2. ④

⋯ 관성의 법칙은 뉴턴의 운동 법칙 중 하나로, 멘델과는 관련이 없어요. (☞92~93쪽)

3. 《동의보감》

⋯ 허준이 세계 최초로 일반인들을 위해 쓴 대중 의학서는 《동의보감》이에요. (☞94~95쪽)

4. 자유롭게 조사하여 적어 봐요.

찾아보기

ㄱ
공진화 ········· 76~77
광합성 ········· 22~23
국가 기후 변화 생물 지표 ········· 74
꽃 ········· 24
꽃가루 ········· 24~25, 76
꽃받침 ········· 24

ㄴ
나무 의사 ········· 88, 98~99

ㄷ
도시 농업 전문가 ········· 99
《동의보감》 ········· 94~95

ㄹ
린네 ········· 90~91

ㅁ
멘델 ········· 92~93

ㅂ
바이오 연료 ········· 60~61
반려식물 ········· 36~37
빛 공해 ········· 72~73
뿌리 ········· 18

ㅅ
산림 교육 전문가 ········· 98
수분 ········· 24~25, 76
수술 ········· 24~25
식충 식물 ········· 64~65

ㅆ
씨방 ········· 24~25

ㅇ
암술 ········· 24~25
약용 식물 ········· 54~55, 95
여러해살이 식물 ········· 29
열매 ········· 25
열성 ········· 93
엽록체 ········· 22
우성 ········· 93
유전의 법칙 ········· 92~93
유전자 변형 식물 ········· 75
이명법 ········· 91
잎 ········· 19

ㅈ
조경 기사 ········· 99
줄기 ········· 19

ㅊ
충매화 ········· 76

ㅍ
플로리스트 ········· 99
피톤치드 ········· 79

ㅎ
한해살이 식물 ········· 28
허준 ········· 94~95